© 2026
De las ilustraciones: SARA MAS HERRANZ
De la edición: GRUPO SAR ALEJENADRIA

ISBN: 979-13-87815-53-0
Depósito Legal: CS 122-2026

Impreso en España - Printed in Spain

ÍNDICE

EJE CRONOLÓGICO

Jimena Díaz De Vivar (1046 - 1116)

Petronila de Aragón (1136 - 1173)

Sancha de León (1018 - 1067)

Urraca I de León (1081 - 1126)

Berenguela de Castilla (1180 - 1246)

1000

1100

1200

REINAS DE ESPAÑA

Isabel I de Castilla
(1451- 1504)

Blanca I de Navarra
(1387 - 1441)

Leonor I de Navarra
(1426 - 1479)

Juana I de Navarra y
Francia (1273 - 1305)

Juana II de Navarra
(1311 - 1349)

María de Castilla
(1401 - 1458

Catalina I de Navarra
(1468 - 1517)

1300

1400

1500

EJE CRONOLÓGICO

**Juana I de Castilla
(1479 - 1555)**

1500   1600   1700

REINAS DE ESPAÑA

Isabel II de España
(1830- 1904)

María Cristina de
Habsburgo-Lorena
(1858- 1929)

María Cristina
de Borbón
(1806 - 1878)

Leonor de Borbón
y Ortiz (2005 -)

1800   1900   2000

Reino de
VALENCIA

En el año 1094, Rodrigo Díaz de Vivar conquista Valencia a los musulmanes y se corona como Príncipe. Comienza el Señorío de Valencia. El Cid morirá en 1099.

Le sucederá en el trono su mujer, Jimena Díaz, que reinará en lo que aproximadamente es hoy día la provincia de Valencia.

Su gobierno se prolongará hasta 1102, cuando el Rey de León decide abandonar a su suerte a Jimena y retira las tropas de la capital del Turia.

En el año 1238, Jaime I reconquista Valencia y crea el Reino de Valencia, integrado en la Corona de Aragón, que sobrevivirá hasta 1707, año en que con la promulgación de los Decretos de Nueva Planta para los reinos de Aragón y Valencia sus fueros e instituciones fueron abolidas. Hasta 1833 aún mantuvo ese nombre como territorio dentro de las diferentes administraciones de la España de los Borbones.

JIMENA DÍAZ DE VIVAR

(1046 – 1116)

Dama asturiana, hija del conde Diego Fernández y nieta del emperador Alfonso VI de León. Fue la esposa de Rodrigo Díaz, conocido como el Cid Campeador. Contrajeron matrimonio en 1074 y tuvieron 3 hijos, Cristina, Diego y María.

Debido al destierro temporal de su esposo, llegó a ser encarcelada a manos de su abuelo Alfonso VI en 1087.

Jimena pasó a ser Reina y Señora de Valencia a la muerte del Cid entre 1099 y 1102. Cuando se afrontan dificultades y Alfonso VI ordena la evacuación de la ciudad.

Los restos de Jimena se encuentran en la Catedral de Burgos, junto a los de El Cid.

Reino de
LEÓN

Situado al noroeste de España, fue fundado como reino en el año 910, cuando los príncipes del reino de Asturias, trasladaron su capital desde Oviedo a la ciudad de León. Fue actor principal de la Reconquista y precursor de otros reinos de España. El condado de Portugal se separó de León para convertirse en reino de Portugal en 1139 y el este, parte interior de León, se unió al reino de Castilla en 1230.

Desde 1296 a 1301, el reino de León volvió a ser independiente, pero después retornó a integrarse en la Corona de Castilla hasta 1833.

En 1833, el reino de León fue considerado una de las regiones españolas y dividido en las provincias de León, Zamora y Salamanca.

Durante el reinado de Alfonso VII, el poder de León traspasa fronteras, haciendo vasallos a otros reinos peninsulares y de Francia. Esta unidad se logró con el nombramiento del monarca como Emperador.

Después, el reino va languideciendo poco a poco.

En la Edad Moderna, siguió conservando su organización territorial e instituciones propias, como el Adelantamiento o Merino Mayor del reino de León o el Defensor del reino de León.

En 1808, con la Guerra de la Independencia, la Junta Patriótica de León asume la soberanía del reino hasta que cede a la Junta Suprema Central en el acto de su constitución.

SANCHA I DE LEÓN

(1018 - 1067)

Fue hija legítima de Alfonso V de León, hermana de Bermudo III de León. Se casó con el infante Fernando I, hijo de Sancho III de Pamplona y tuvieron cinco hijos: Urraca de Zamora, Sancho, rey de Castilla como Sancho I y de León como Sancho II, Elvira, señora del Toro, Alfonso, rey de León, Castilla y Galicia como Alfonso VI, y García, como rey de Galicia.

Cuando murió Bermudo III en 1028, Sancha es la sucesora del reino de León. Sin embargo, fue su marido Fernando el que fue rey ya que en aquellos tiempos no se reconocía a las mujeres como reinas con poder efectivo.

Fue abadesa seglar del monasterio de San Pelayo y, después, la Colegiata de San Isidro. La Iglesia Católica la venera como beata.

URRACA I DE LEÓN

(1081–1126)

Llamada la Temeraria, fue reina de León entre 1109 y 1126. Hija y sucesora de Alfonso VI y de la reina Constanza de Borgoña, nieta de Sancha de León.

Se casó en primeras nupcias con el conde Raimundo de Borgoña y tuvo dos hijos: Alfonso VII de León, que fue su sucesor, y Sancha. Raimundo murió en 1107 y Urraca le sucedió como reina de Galicia.

Contrajo un segundo matrimonio con Alfonso I, rey de Aragón, matrimonio del cual no hubo sucesión. El matrimonio entre Urraca y Alfonso se inició con la oposición de distintas opiniones políticas contrarias a la unión.

En 1108, murió su hermano Sancho y Urraca fue la heredera al trono de Castilla.

Corona de CASTILLA

El conde Fernán González ha pasado a la historia como el creador del reino de Castilla. En el año 931, el condado de Castilla se unifica bajo su mandato, dando lugar a un cargo hereditario a espaldas de los reyes de León. En 1065 se separa de León y adquiere por primera vez categoría de reino con derecho propio bajo el mandato de Sancho II.

Aunque el reino volvió durante un breve período a pertenecer a León, en 1157 se separa definitivamente bajo el mandato de Sancho III.

A este rey efímero le sucederá Alfonso VIII, que dará estabilidad al reino y comenzará a expandirse hacia el sur.

La reina Berenguela, en 1217, deja el reino en herencia a su hijo, Fernando III el Santo. Éste unificó de forma definitiva Castilla y León para conformar la Corona, que es la unión de reinos, en 1230. Este rey aprovechó el declive de los almohades para conquistar el valle del Guadalquivir y, sobre todo, Sevilla. Para ello, enarbolaría la mítica espada Lobera, que había pertenecido al conde Fernán González, precursor de Castilla.

BERENGUELA DE CASTILLA

(1180-1246)

Las mujeres, en Castilla, podían reinar y gobernar de manera efectiva, al contrario de lo que ocurría en otros reinos como Aragón o Navarra.

Hija del rey Alfonso VIII y de su esposa la reina Leonor de Plantagenet, fue reina de Castilla en 1217. Fue también reina consorte de León entre 1197 y 1214 por su matrimonio con el rey Alfonso IX. Se casó a los nueve años y tuvo su primer hijo a los diez.

Cuando murió Alfonso VIII, su hijo Enrique solo tenía 10 años. Después pasó ella a ser reina cuando su hijo murió, aunque le cedió el trono a su otro hijo, Fernando.

Corona de
ARAGÓN

La Corona de Aragón englobaba al conjunto de territorios que estuvieron bajo la jurisdicción del rey de Aragón, de 1164 a 1707. El 13 de noviembre de 1137, Ramiro II el Monje, rey de Aragón, en la conocida como renuncia de Zaragoza, depositó en su yerno Ramón Berenguer el reino (aunque no la dignidad de rey), firmando éste en adelante como Conde de Barcelona y Príncipe de Aragón. Petronila tomó el título de "Reina de Aragón" y Ramón Berenguer el de príncipe.

Más tarde, por conquistas de nuevos territorios y matrimonio, esta unión de reino y condado bajo una misma corona, ampliaría sus territorios hasta incluir otros dominios: fundamentalmente los reinos de Mallorca, Valencia, Sicilicia, Córcega, Cerdeña y Nápoles, así como los ducados de Atenas (de 1331) a 1388) y Neopatria (entre 1319 y 1390).

Con la boda de los Reyes Católicos en 1469, se inicia el proceso de convergencia con la Corona de Castilla, formando la base de lo que luego se convertiría en la España moderna, aunque los distintos reinos conservarían sus sistemas legales y características. Con los Decretos de Nueva Planta de 1705-1716, Felipe V elimina finalmente la mayor parte de estos privilegios y fueros.

PETRONILA DE ARAGÓN
(1136 - 1173)

Era hija de Ramiro II el Monje e Inés de Poitou. Fue donada por su padre, junto a su reino, al

Conde de Barcelona. Se casó con el Conde de Barcelona Ramón Beranguer IV en 1150 en

Lérida y tuvo cinco hijos: Alfonso II, Pedro, Dulce y Sancho. Fue reina de Aragón entre

1157 y 1164 y condesa de Barcelona entre 1162 y 1164. Tras la muerte de Ramón Berenguer

IV, ocurrida en 1162, Petronila abdicó el reino de Aragón en su hijo Alfonso II.

MARÍA DE CASTILLA

(1401-1458)

La infanta de Castilla fue la mayor de los hijos del rey Enrique III y la reina Catalina de Lancáster. Se casó con su primo Alfonso V de Aragón y pasó a ser la reina consorte de Aragón en 1416 hasta 1458. Pero debido a los largos y constantes viajes de su marido a Italia, María se convirtió en una de las pocas consortes en asumir efectivamente el gobierno del Estado. No pudo tener descendencia y se retiró en sus últimos años a un convento de Valencia.

Se le conoce por haber desarrollado las reglas del ajedrez moderno, del cual era muy aficionada.

Educó desde su nacimiento a la que luego sería Sor Isabel de Villena, gran escritora medieval a la que siempre consideró su hija.

Reino de NAVARRA

Abarcaba parte del norte de los Pirineos y, sobre todo, al sur, en la península ibérica. Fue el sucesor del Reino de Pamplona, fundado en 824.

El reino se expandió al principio de forma próspera, sin embargo, el apogeo de las coronas de Castilla y Aragón mermaron su capacidad territorial, militar y económica. Después, sucedió un período de tranquilidad y estabilización. En esta época, sus habitantes distinguían con dos territorios diferenciados: la Alta Navarra o peninsular, vinculada a la política de Castilla y Aragón, al sur de los Pirineos, donde se encontraba la capital y la mayor parte de la población y los recursos; y la Baja Navarra o continental, al norte de los Pirineos.

Durante un período largo, entre 1234 y 1512, estuvo vinculada con el reino de Francia. Se mantuvo en la órbita política francesa a través de varias dinastías (Champaña, Capetos, Évreux y Foix). En algunas ocasiones, el reino fue directamente unido al trono francés, como con los Capetos entre 1284 y 1328. Esta mayor relación con los territorios franceses hizo que el territorio pasara, con los siglos, a pertenecer al reino de Francia.

El fin de la independencia del reino se produjo cuando Fernando el Católico, y posteriormente su nieto Carlos I, llevaron a cabo la conquista militar entre los años 1512 y 1528. Se realizaron varios intentos de recuperar la independencia en los años siguientes y finalmente Carlos I de España se replegó de la Baja Navarra por su difícil control, por lo que esta porción siguió siendo independiente manteniendo las dinastías Foix y Albret, hasta que se asoció dinásticamente a la Corona francesa al subir al trono Enrique III. En 1841 pasó a ser considerada provincia foral.

JUANA I DE NAVARRA Y FRANCIA
(1273-1305)

Sucedió a su padre Enrique I el Gordo, con solo 3 años, con su madre, Blanca de Artois, como regente. Era la única heredera al trono navarro y a los condados champañeses. Los demás monarcas hispanos presionaron a Juana para que se casara con sus familias, por lo que Blanca buscó la protección de su primo, el rey de Francia Felipe III el Atrevido. Juana I se casó con Felipe IV de Francia, heredero del Rey Felipe III, en 1284 y pasaron a ser reyes del reino de Navarra y Francia. Ella administró el Condado de Champaña. Tuvieron siete hijos: Luis el Obstinado, Margarita, Blanca, Felipe el largo, Isabel, Carlos el Hermoso y Roberto.

Su influencia como consorte estuvo siempre presente en el reinado de los dos reinos y se la conoce por su reputación de mujer inteligente, enérgica y piadosa.

JUANA II DE NAVARRA

(1131-1349)

Nació y murió en Francia. Única hija del rey Luis I de Navarra y X de Francia y de Margarita de Borgoña. Juana II fue nieta de Juana I de Navarra y Francia, pero sus derechos sucesorios a ambas coronas fueron ignorados a la muerte de su padre y su tío por ser mujer. Se casó con Felipe de Évreux y tuvieron ocho hijos. En 1328, los nobles navarros llamaron a Juana II para ejercer como sucesora en Navarra. Estos deseaban deshacerse del control francés sobre el reino que había existido en las últimas décadas. Juana II llegó al trono gracias a la mediación de su esposo, quien asumió la dirección del gobierno hasta su muerte en 1343. Entonces Juana dejó de estar en segundo plano y gobernó hasta su muerte el reino de Navarra como su señora natural.

BLANCA I DE NAVARRA

(1387-1441)

Hija del rey Carlos III de Navarra y Leonor de Trastámara. Se casó con Martín I, el Joven, rey de Sicilia, duque de Atenas y de Neopatria. A la muerte de su esposo en 1408, reinó en Sicilia de forma ejemplar hasta que tuvo que volver a Navarra en 1415 a ocupar su posición como reina tras la muerte de su hermana mayor. Se casó por segunda vez con Juan II de Aragón y tuvo 4 hijos: Carlos IV, Juana, Blanca II y Leonor I.

A causa de sus dos matrimonios, Blanca llegó a reinar en su vida sobre una gran extensión de territorios.

LEONOR I DE NAVARRA

(1426-1479)

Hija de Blanca I de Navarra y Juan II. Se casó con el conde Gastón IV de Foix y tuvo once hijos. A la muerte de su madre, Juan II no respetó los derechos al trono de su hijo Carlos, el primogénito. Por lo que se inició una guerra civil en Navarra.

En 1455 Juan II, desfavoreciendo a sus hijos Carlos y Blanca, nombró a Leonor gobernadora general del reino en su ausencia.

Y finalmente sucedió en el trono en 1479 a la muerte de su padre. Sin embargo, Leonor murió a los quince días de ser proclamada reina, nombrando como sucesor en su testamento a su nieto, Francisco I de Foix.

CATALINA I DE NAVARRA

(1468-1517)

Después de la muerte prematura de su hermano Francisco I de Foix en 1483, Catalina de Foix fue proclamada reina de Navarra bajo la regencia de su madre, Magdalena de Valois.

Entonces, su tío volvió a reavivar la guerra civil en el reino con otra disputa por el trono, amparándose en la Ley Sálica. Por este motivo fue casada con el noble Juan III de Albret con quien tuvo 14 hijos. Pero el reinado de Catalina estuvo marcado por las consecuencias de la guerra civil y la presión militar de Fernando el Católico, que terminaría por invadir el reino en 1512. Catalina sería la última reina de Navarra como reino independiente y Navarra pasó a ser parte de Castilla.

Reino de ESPAÑA

La unión dinástica de los Reyes Católicos estableció el inicio de la España Moderna como reino. Isabel, casada ya con Fernando, accedió al trono de Castilla en 1479. Ese mismo año, Fernando heredó el trono de Aragón al morir su padre. Con su enlace matrimonial se unieron, en la dinastía de los Trastámara, dos coronas: la Corona de Castilla y la Corona de Aragón dando nacimiento a la Monarquía Hispánica.

La Monarquía no era aún un Estado como los actuales, con un desarrollo de instituciones más o menos independientes en cada reino. Sin embargo, existía un vínculo común en toda la península Ibérica que les hacía sentirse integrantes de un espacio común. La idea de ese espacio común peninsular había sido una herencia del antiguo reino Visigodo, con capital en Toledo. Éste, a su vez, recogía la herencia administrativa común de la antigua Hispania romana peninsular.

En este sentimiento de espacio común hay que integrar los sucesivos intentos de unificación a través de los matrimonios reales. La política de los Reyes Católicos iría encaminada, como los gobernantes sucesivos, a generar intereses comunes en políticas de guerra, finanzas, exterior o administración.

En la actualidad, España está constituida como una Monarquía Parlamentaria, basada en un Estado social y democrático de derecho. Su capital es Madrid y está organizado en diecisiete comunidades autónomas y dos ciudades autónomas, formadas estas, a su vez, por cincuenta provincias.

ISABEL I DE CASTILLA

(1451-1504)

Fue reina de Castilla desde 1474 hasta 1504, también ejerció como señora de Vizcaya. Fue reina consorte de Sicilia desde 1469 y de Aragón desde 1479, por su matrimonio con Fernando de Aragón.

Se la conoce también como Isabel la Católica, título que les fue otorgado a ella y a su marido por el papa Alejandro VI.

La princesa Isabel no estaba destinada a ser reina, pero la muerte de su hermano Enrique IV, la llevó al trono de Castilla durante 30 años. Se le considera la primera reina de España, al unificar, bajo su mandato, todos los territorios que conforman dicho reino.

Isabel y Fernando tuvieron una larga lucha antes de conseguir el trono, primero contra el rey Enrique IV y, en la guerra de Sucesión castellana, contra la otra pretendiente al trono e hija de Enrique, Juana de Trastámara.

JUANA I DE CASTILLA

(1479-1555)

Conocida como Juana la Loca. Hija de los Reyes Católicos. Se casó con 17 años con el archiduque de Austria, Felipe el Hermoso, por quien tenía gran afecto que no siempre era devuelto y con quien tuvo 6 hijos. Debido a una serie de desafortunadas muertes en la familia, Juana se convirtió en la única heredera de las coronas de Castilla y Aragón en 1500.

Fue reina de Castilla de 1504 a 1555, y de Aragón y Navarra, desde 1516 hasta 1555 si bien desde 1506 no ejerció ningún poder efectivo y a partir de 1509 vivió encerrada en Tordesillas durante casi 50 años. Primero por orden de su padre Fernando el Católico y después por orden de su hijo el rey Carlos I.

Se dice que su locura fue una exageración creada por los hombres de su familia para incapacitarla en su posición como reina.

MARÍA CRISTINA DE BORBÓN–DOS SICILIAS (1806-1878)

Hija de Francisco I de las Dos Sicilias y María Isabel de Borbón. Reina consorte de España por su primer matrimonio con el rey Fernando VII en 1829, con el que tuvo dos hijos, y regente del Reino entre 1833 y 1840, durante una parte de la minoría de edad de su hija Isabel II. Esto provocó la primera guerra carlista al defender los derechos de su hija Isabel frente a las pretensiones de Carlos María Isidro de Borbón.

En 1840, tras el golpe de estado de Baldomero Espartero, se exilió en Francia. Tuvo un segundo matrimonio, con Agustín Fernando Muñoz y Sánchez, y ocho hijos de este.

ISABEL II DE ESPAÑA

(1830-1904)

Llamada la de los Tristes Destinos o la Reina Castiza. Era hija del Rey Fernando VII y de su cuarta esposa, su sobrina María Cristina de Borbón-Dos Sicilias. Fue reina de España entre 1833 y 1868. Durante su reinado se produjo el tránsito de un estado absolutista a otro liberal-burgués.

Se casó con su primo, Francisco de Asís de Borbón, a los 16 años, el mismo día de su cumpleaños y tuvieron dos hijos. Durante la última etapa del reinado, los nuevos grupos sociales reclamaban un cambio radical y para defenderse, el Régimen rozó el sistema dictatorial. Con la Revolución de 1868 Isabel II fue destronada definitivamente y abdicó en 1870 en su hijo Alfonso XII para favorecer la vuelta de la monarquía Borbónica a España.

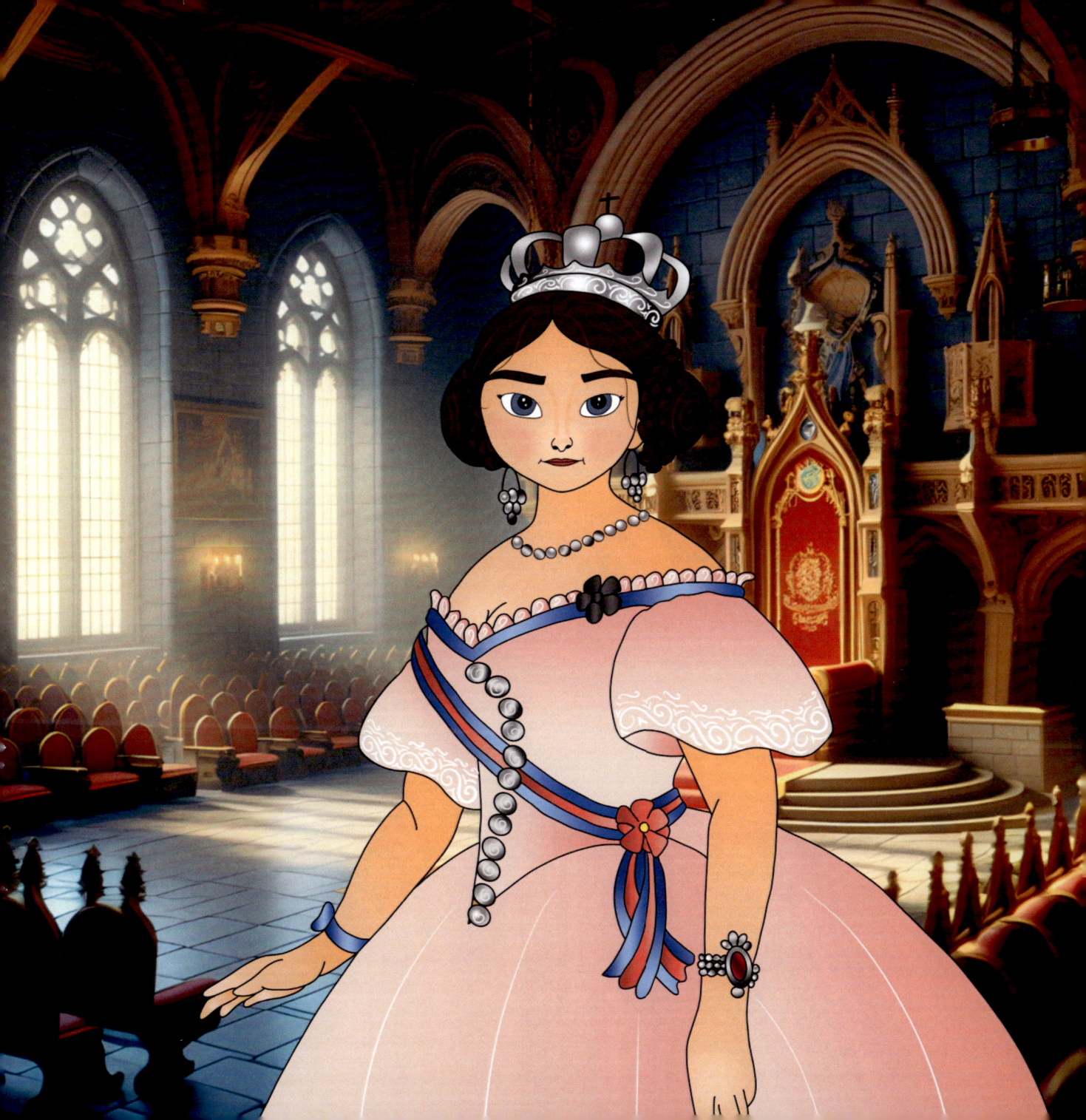

MARÍA CRISTINA DE HABSBURGO-LORENA (1858-1929)

Fue popularmente conocida como Doña Virtudes. Fue Reina Regente, segunda esposa del Rey Alfonso XII y madre de Alfonso XIII. Fallecido su marido, ejerció la regencia durante la minoría de edad de su hijo, desde 1885 hasta 1902.

Fue un periodo tranquilo a excepción de la Guerra Hispano-Estadounidense, en la que España perdió las últimas posesiones de su imperio colonial: Cuba, Puerto Rico y Filipinas en 1898, por el tratado de París. También se produjo la primera guerra de Melilla en 1893. En mayo de 1902 su hijo Anfonso XIII comenzó a reinar y a partir de ese momento la reina madre se dedicó a obras de beneficencia, quedando en un segundo plano en cuestiones políticas.

LEONOR DE BORBÓN Y ORTIZ

Es la actual princesa de Asturias y primera en la línea de sucesión al trono español, como primogénita del rey Felipe VI, y su consorte, la reina Letizia. Leonor se convirtió en Princesa de Asturias el 19 de junio de 2014 tras la abdicación de su abuelo y el ascenso al trono de su padre. Además ostenta los demás títulos vinculados tradicionalmente al heredero de la Corona española.

En 2018, durante la Fiesta Nacional, se sentó por primera vez a la derecha de su padre ocupando el lugar como heredera al trono. En 2021 presidió su primer acto en solitario debido al 30 aniversario del Instituto Cervantes.

REINAS DE ESPAÑA,
QUE NO REINOS DE ESPAÑA

El presente libro es un tributo a todas esas mujeres que cogieron las riendas del gobierno logrando, en la mayoría de las ocasiones, avances muy importantes para sus respectivos pueblos. Todos ellas forman parte de lo que hoy es una unidad territorial: España.

El recorrido que hacemos a lo largo de la historia hace referencia a mujeres que reinaron o gobernaron en cualquiera de los reinos que hoy conforman España. No es, sin embargo, un recorrido por todos los reinos peninsulares o españoles. Alguno de esos reinos han quedado fuera de este libro porque no hay constatado que los gobernase ninguna mujer durante toda su historia.

De igual modo, se ha considerado el comienzo del listado correspondiente a España a partir de Isabel la Católica que, aunque reina de Castilla, fue promotora, junto a su marido Fernando, del reino territorial que hoy prevalece.

Recuperar la memoria de mujeres valientes y llenas de fortaleza que se pusieron al frente de gobiernos y ejércitos en unos momentos de inestabilidad política y social, ha sido el objetivo de esta obra. Un trabajo dirigido, sobre todo, a los más jóvenes, con el entusiasmo de despertar en ellos el interés por descubrir la historia, muchas veces olvidada, de las mujeres que forjaron España.